LEKTÜRESCHLÜSSEL
FÜR SCHÜLERINNEN UND SCHÜLER

Tennessee Williams
A Streetcar Named Desire

Von Heinz Arnold

Philipp Reclam jun. Stuttgart

Dieser Lektüreschlüssel bezieht sich auf folgende Textausgabe in der Originalsprache: Tennessee Williams: *A Streetcar Named Desire*. Hrsg. von Herbert Geisen. Stuttgart: Reclam, 1988 [u. ö.]. (Universal-Bibliothek. 9240.)

RECLAMS UNIVERSAL-BIBLIOTHEK Nr. 15397

Gesamtherstellung: Reclam, Ditzingen
Printed in Germany 2010

ISBN 978-3-15-015397-0

www.reclam.de

Inhalt

1. Erstinformation zum Werk

A Streetcar Named Desire kann zu den berühmtesten Dramen des 20. Jahrhunderts gezählt werden. Es ermöglicht Zuschauern und Lesern, den zum Teil schmerzhaften und widersprüchlichen Übergang von einer noch feudal geprägten Welt zur modernen Massen- und Industriegesellschaft anschaulich und intensiv nachzuvollziehen. Der Gegensatz zwischen einer alten, in vielerlei Hinsicht untergehenden und dennoch für manche mit Vorzügen verbundenen, und einer neuen, schwierigeren, aber auch beschleunigten Lebensweise bildet den roten Faden des Werkes. Dabei bleibt der Verfasser insgesamt eher neutral. Er unterstreicht aber mit dem Ausgang der Handlung den tatsächlichen Verlauf der Zeitgeschichte, ohne diesen Sieg der Gegenwart über die Vergangenheit moralisch zu werten.

Sieg der Gegenwart über die Vergangenheit

Auf der dramatischen Umsetzung dieses historischen Konflikts in sehr wirklichkeitsnahe Charaktere beruht der Erfolg von *A Streetcar Named Desire*. Es wurde 1945/46 geschrieben und 1947 uraufgeführt, im November in Boston, im Dezember am Broadway in New York.

schmerzhaft: **painful**
etw. nachvollziehen: **to understand s.th.**
beschleunigt: **accelerated**
etw. werten: **to judge s.th.**

Von der Aufführung profitierten sowohl der Autor als auch der Regisseur Elia Kazan und mehrere Hauptdarsteller in vorher nicht gekanntem Ausmaß. Williams wurde durch das Stück hochberühmt und erhielt dafür unter anderem den begehrten Pulitzerpreis. Marlon Brando legte im Theater und durch die Verfilmung von 1951 mit dem Stück den Grundstein für seinen Weltruhm, und Elia Kazan wurde durch seine Regie des Stückes und der Verfilmung ein enger Partner und Freund von Williams.

Autobiographische Elemente

Die Resonanz beim Publikum war unvergleichlich; sie hält bis heute an und hat *A Streetcar Named Desire* zum Klassiker gemacht. Bekannt war schon damals, dass der Autor in seinen literarischen Arbeiten autobiographische Erfahrungen behandelt. Depressionen, Gewalt, familiäre Konflikte, Pessimismus und Homosexualität sind Themen, die in vielen Werken aus seiner Feder auftauchen. Er kannte New Orleans persönlich sehr gut und er hat tatsächlich einen Mann namens Stanley Kowalski getroffen, er war selbst homosexuell und seine eigene Jugend war von massiven Problemen innerhalb der Familie gekennzeichnet. Die Kritiker lobten schon immer, dass er die Fähigkeit besitzt, die Wirklichkeit konkret und schonungslos zum Ausdruck zu bringen, nicht zuletzt wegen seiner eigenen Geschichte.

Andererseits wurde einiges bemängelt. Es gab den Vorwurf, das Stück biete keine soziale Wertung der Gesell-

Hauptdarsteller: **leading actor**
unvergleichlich: **unique**
schonungslos: **ruthlessly** (Adv.)
nicht zuletzt wegen: **not least because of**
etw. bemängeln: **to criticize s.th.**

schaft, die moralische Position des Autors sei nicht zu erkennen, die Hauptfiguren seien von Pessimismus und Schicksalsgläubigkeit bestimmt und so könne auch keine positive Identifikations- oder Heldenfigur ausgemacht werden; hinzu kamen Hinweise auf eine nicht ganz angemessene Inszenierung, ein eher verfehltes Verfahren der Bühnendarstellung.[1]

Williams' Verdienst besteht darin, als realistischer Dramatiker bestehende Verhältnisse und Beziehungen darzustellen; er knüpft dabei historisch zutreffend an eine zentrale gesellschaftliche Veränderung an. Dass er sich nicht kritiklos an den Sieg der bürgerlichen Moderne anhängt, zeigt seine zum Ende hin aufkommende Abwertung von Stanley; zu viele negative Handlungen gehen in den letzten Szenen von ihm aus. Zugleich ist aber deutlich, dass Blanches Lebensmodell nicht mehr zeitgemäß ist, die feudale Vergangenheit kann nicht wiederbelebt werden. Stella dagegen passt sich der harten Realität der Massengesellschaft an, indem sie sich Stanleys Macht, seinen Gelüsten und Launen unterwirft und mit der aristokratischen Vergangenheit vollkommen bricht. Sie steht für einen konfliktreichen historisch-sozialen Prozess, in dem die Überbleibenden des Adels nur dann eine Zukunft hatten, wenn sie sich der neuen dominierenden Klasse, dem

verfehlt: **inadequate**
an etw. anknüpfen: **to refer to s.th.**
etw. wiederbeleben: **to revive a.th.**
Gelüste: **desire**
Launen: **moods**
Überbleibende: **remnants**

Unterwerfung unter die neue Gesellschaftsordnung

Bürgertum, unterwarfen und deren Lebensweise übernahmen. Blanche tut das nicht, deshalb wird sie aus dem gesellschaftlichen Geschehen schließlich ausgeschlossen. Stella bleibt zurück und hat ein eigenes Kind, was bedeutet, dass sie ihren Weg unter den neuen Bedingungen finden wird, sogar über ihre Generation hinaus. Aber am Ende ist sie selbst tiefgreifend schuldig geworden, denn sie hat ihre eigene Schwester verraten.

sich einer Sache unterwerfen: **to submit to s.th.**
tiefgreifend: **radical**

2. Inhalt

Erste Szene

Nach einer anstrengenden Reise erscheint Blanche DuBois, eine elegant gekleidete, etwa 30-jährige Frau bei einem Haus im wenig ansehnlichen französischen Viertel von New Orleans. Sie ist Lehrerin für englische Literatur, kommt aus Mississippi und besucht ihre Schwester Stella, die mit dem polnischstämmigen Arbeiter Stanley Kowalski verheiratet ist. Die beiden wohnen in einem Zweizimmerapartment.

Blanche im Unterschichtviertel

Vor dem Haus trifft sie auf zwei Frauen, eine davon ist die Hauseigentümerin, Eunice Hubbell. Nur Augenblicke zuvor hat Stanley seiner Frau gesagt, dass er mit seinem Freund Mitch kegeln geht. Stella ist ihnen gefolgt, sie will zusehen. Eunice lässt Blanche in die Wohnung der Kowalskis, während ihre Bekannte Stella aus der Kegelkneipe holt.

Als sich die beiden Schwestern sehr herzlich begrüßen, hat Blanche schon heimlich den Whiskey im Schrank probiert. Sie plaudert fast ohne Unterbrechung los, sie ist erschrocken, in welchem Milieu Stella lebt; diese hat damit kein Problem. Blanche ist sehr zerbrechlich und eitel, sie gesteht ihrer Schwester, dass das heimische Gut im Süden,

wenig ansehnlich: **shabby**
polnischstämmig: **of Polish descent**
kegeln: **to bowl**
zerbrechlich: **fragile**
heimisches Gut: **domestic property**

Belle Reve, verloren ist. Stella ist sehr betroffen und kann das nicht glauben, aber Blanche erklärt ihr, dass das Anwesen hoch verschuldet war und alle Angehörigen ohne Nachlass verstorben sind. Sie sagt, ihr Schulleiter habe ihr Urlaub gewährt, weil sie so mitgenommen sei.

Ein animalischer Typ

Stanley erscheint, ein muskulöser, animalischer Typ. Stella hat Blanche schon geschildert, wie intensiv und sinnlich ihre Ehe ist. Er hat nichts von Blanches Ankunft gewusst, begrüßt sie aber freundlich und hat offenbar keine Einwände, dass sie bleiben will, obwohl die Wohnung für drei Personen sehr eng ist. Zwischen Blanche und Stanley sind vom ersten Moment an Spannungen spürbar, die ihren Charakter, ihre Lebensweise und ihre Äußerungen betreffen. Auf seine Fragen gibt sie unter anderem preis, dass ihr Ehemann schon sehr jung gestorben sei.

Zweite Szene

Stanleys Misstrauen

Am nächsten Abend wollen Stella und Blanche ausgehen, ins Restaurant und anschließend ins Kino. Stella informiert Stanley über den Verlust des elterlichen Guts, was diesen misstrauisch macht. Er glaubt, dass Blanche das Anwesen verkauft hat. Er reißt ihre Sachen aus dem Schrank und aus

hoch verschuldet: **highly in debt**
ohne Nachlass: **without any estate**
animalischer Typ: **animal guy**
Spannung: **tension**
misstrauisch: **suspicious**

ihrem Koffer und bewundert ihre teuren Utensilien, aber Stella klärt ihn auf: Es sind fast alles Imitate, Geschenke und Dinge ohne größeren Wert. Stanley ist dennoch nicht zu überzeugen, was Stella ärgert. Sie geht weg, um für Blanche eine Cola zu holen.

Blanche hat währenddessen ausgiebig gebadet und flirtet nun mit Stanley, der darauf nicht eingeht. Er verlangt von ihr Dokumente über den Verlust von Belle Reve, denn nach den Bestimmungen des Code Napoléon hätte er als Stellas Ehemann auch Anspruch auf Anteile des Erlöses aus einem eventuellen Verkauf oder des Erbes gehabt. Blanche gibt Stanley eine Menge Papiere, aus denen der Ruin des Elternhauses hervorgeht; dabei reißt dieser ihr ein Päckchen mit Liebesbriefen aus der Hand, was Blanche sehr trifft.

Code Napoléon

Er will die Dokumente prüfen lassen und begründet sein Misstrauen mit Stellas Schwangerschaft; allerdings hatte diese ihn gebeten, Blanche davon nichts zu sagen.

Dritte Szene

Spät in der Nacht desselben Abends kommen Stella und Blanche zurück; Stanley spielt immer noch Poker mit seinen Freunden. Stanley verliert ohne Pause und ist aggressiv; sie rauchen und trinken reichlich. Blanche interessiert sich für Mitch, der nicht verheiratet und nicht ganz so primitiv ist wie die beiden anderen Freunde. Stanley fordert dic Frauen auf, das Radio abzuschalten; es gefällt ihm nicht, dass Mitch

auf etw. eingehen: **to respond to s.th.**
Anspruch auf etw.: **claim to s.th.**

sich für Blanche interessiert, und er ruft ihn an den Spieltisch zurück. Schließlich ist er so wütend, dass er das Radio aus dem Fenster wirft.

Gewalt und Sex

Stella ist darüber sehr erbost, da packt er sie und schlägt sie. Die Männer greifen sich Stanley und bringen ihn zur Ruhe, dann gehen sie nach Hause. Stella flüchtet sich nach oben zu Eunice. Als Stanley halbwegs zu sich kommt, heult er wie ein Schlosshund und verlangt seine Stella zurück. Er bittet sie auf den Knien um Verzeihung, sie schließt ihn in die Arme und sie gehen direkt ins Bett.

Als Blanche dies merkt, ist sie verwirrt. Vor der Tür trifft sie Mitch, der sie beruhigt und ihr klarmacht, wie sehr sich die beiden lieben, trotz Stanleys Brutalität; vielleicht ist diese sogar Teil ihrer leidenschaftlichen Beziehung.

Vierte Szene

Am folgenden Morgen findet Blanche ihre Schwester im Bett, bei bester Laune. Blanche ist wie hysterisch, sie schreit Stella an, sie begreift nicht, dass sie zu Stanley zurückgekehrt ist und mit ihm sogar die Nacht verbracht hat. Stella erzählt ihr, dass Stanley oft gewalttätig wird, wenn er getrunken hat, danach schämt er sich und ist handzahm. Er hat

erbost: **angry**
halbwegs: **half-way** (Adv.)
heulen wie ein Schlosshund: **to howl one's head off**
leidenschaftlich: **passionate**
bei bester Laune: **in a very good mood**
handzahm: **very tame**

das Radio zur Reparatur gegeben und Stella extra Geld zugesteckt. Blanche will ihre Schwester überzeugen, sich von Stanley zu trennen, sich von seiner Macht und Gewalt zu befreien. Stella erklärt ihr ganz ruhig, dass sie nicht im Geringsten das Gefühl hat, sich von etwas befreien zu müssen. Ihre sexuelle Beziehung macht manche negativen Vorgänge mehr als wett. Sie liebt ihren Mann und wird ihn nicht verlassen.

Blanche will Stella befreien

Blanche, die völlig mittellos ist und der sogar das Kleingeld fehlt, hält ihr quasi einen kulturgeschichtlichen Vortrag, in dem sie Stanley in die Steinzeit einordnet, als vorkulturelles, tierisches Wesen, jenseits von Kunst, Poesie, Musik und allem Fortschritt. In diesen Rahmen stellt sie auch seine Freunde, als plötzlich Stanley dasteht. Er hat heimlich alles mitgehört und grinst Blanche siegessicher an, während er Stellas stürmische Umarmung entgegennimmt.

Stanley als »Steinzeitmensch«

Fünfte Szene

Eunice und Steve, die Hauseigentümer, die über den Kowalskis wohnen, haben einen heftigen Streit, den Stella und Blanche amüsiert verfolgen. Stanley stichelt etwas über

nicht im Geringsten: **not in the least**
etw. wettmachen: **to compensate for s.th.**
Steinzeit: **Stone Age**
siegessicher: **confidently** (Adv.)
sticheln: **to gibe**

Blanches Vergangenheit; er scheint einige dunkle Seiten seiner Schwägerin zu ahnen oder sogar zu kennen.

Blanches Vergangenheit

Als er in die Kneipe geht, will Blanche wissen, ob Stella auch Informationen über ihre Vergangenheit hat. Sie scheint aber nichts zu wissen. Blanche berichtet ihr, dass sie Angst um ihre Attraktivität hat.

Für den Abend ist sie mit Mitch verabredet, mit dem sie sich eine neue Zukunft ausmalt. Nachdem Stella Stanley in die Gaststätte gefolgt ist, kommt ein junger Mann an die

Flirt mit einem jungen Mann

Wohnungstür. Er kassiert die Abogebühren für die Tageszeitung. Blanche sieht ihn sich genau an, flirtet sofort mit ihm und küsst ihn. Bevor mehr passiert, schickt sie ihn weg – unmittelbar danach ist Mitch mit einem Blumenstrauß an der Tür, um sie abzuholen.

Sechste Szene

Mitch und Blanche kommen zurück. Ihr Abend war nicht

Blanche und Mitch kommen sich näher

sehr schön, aber sie haben sich Mühe gegeben, den jeweils anderen bei Laune zu halten. Mitch ist sehr angetan von ihr, sie nimmt ihn gerne mit in die Wohnung, denn Stanley und Blanche sind noch unterwegs.

Blanche will wissen, ob Stanley schlecht über sie redet. Mitch wundert das, er kann sich nicht vorstellen, dass dieser grob zu Blanche ist. Er berichtet von seiner todkranken

sich etw. ausmalen: **to imagine s.th.**
jdn. bei Laune halten: **to keep s.o. in a good mood**

Mutter, die nicht mehr lange zu leben hat. Sie hat ihn nach Blanche gefragt und würde es begrüßen, wenn er noch vor ihrem Tod eine feste Beziehung hätte.

Blanche schildert nun ihre frühere Ehe mit ihrem homosexuellen Mann, der sich urplötzlich umbrachte. Mitch ist gerührt und bittet sie, mit ihm zusammenzuleben.

Siebte Szene

Wochen später, Mitte September, ist das Wohnzimmer feierlich hergerichtet. Stella hat alle Vorbereitungen für Blanches Geburtstagsfeier getroffen, diese badet wieder stundenlang. Stanley kommt von der Arbeit und teilt die Ergebnisse seiner Erkundigungen über Blanche mit. Ihre Vergangenheit ist ein einziger Skandal. Sie hat zahlreiche kurzlebige Beziehungen mit Männern gehabt und ist dadurch sogar aus einem heruntergekommenen Hotel geflogen. Sie hat keineswegs Sonderurlaub, sondern die Schule hat sie entlassen, weil sie einen 17-jährigen Schüler verführt hat.

Stanley spioniert

Stella ist schockiert und will davon nichts glauben. Stanleys Quellen sind aber zuverlässig. Stella kennt allerdings Blanches Instabilität von früheren Zeiten. Sie führt ihr Ver-

urplötzlich: **all of a sudden** (Adv.)
gerührt: **moved**
Erkundigungen: **inquiries**
heruntergekommen: **run-down**
Sonderurlaub: **special leave**
jdn. verführen: **to seduce s.o.**
zuverlässig: **reliable**

halten auf die schlimme Erfahrung mit ihrem Ehemann zurück. Blanche hatte ihn angebetet; als sich jedoch seine Homosexualität herausstellte und er sich umbrachte, hat sie das hoffnungslos unglücklich gemacht.

Blanches Vorleben wird bekannt

Jedenfalls ist mit diesen Informationen sicher, dass Mitch Blanche niemals heiraten wird, denn er wurde von Stanley über diese Dinge in Kenntnis gesetzt. Stanley hat ein übles Geburtstagsgeschenk für Blanche: eine Busfahrkarte zurück nach Hause für den folgenden Dienstag; er hat einfach beschlossen, dass sie nicht länger bei ihnen wohnen wird.

Achte Szene

Am Ende der trostlosen Geburtstagsfeier kommt es erneut zu einem Streit zwischen Stella und Stanley. Sie kritisiert sein unflätiges Benehmen, daraufhin fegt er das Geschirr vom Tisch und wirft eine Tasse an die Wand. Er erklärt den beiden, dass er hier der König sei.

Stella muss ins Krankenhaus

Blanche wählt Mitchs Nummer, der nicht zur Geburtstagsfeier erschienen ist; er ist aber nicht zu erreichen. Als Stanley Blanche die Rückfahrkarte gibt, flüchtet sie weinend ins Bad. Stella macht ihm Vorwürfe, er will in die Kneipe und schreit sie an, sie seien glücklich gewesen, bevor Blanche ankam. In diesem Augenblick setzen bei Stella die Wehen ein, sie muss sofort in die Klinik gebracht werden.

jdn. anbeten: **to adore s.o.**
trostlos: **desolate**
Wehen: **contractions**

Neunte Szene

Blanche sitzt, angetrunken nach dem vielen Frust, im Schlafzimmer, als Mitch hereinkommt. Er ist wie verwandelt ihr gegenüber und wiederholt Stanleys Behauptungen über Blanche. Dann schaltet er sämtliche Lampen an, um sie zum ersten Mal bei völliger Helligkeit zu betrachten. Mitch hat auch selbst Nachforschungen über Blanche angestellt und durchschaut jetzt alle größeren und kleineren Lügen, die sie ihm aufgetischt hat. Blanche versucht verzweifelt, ihr Verhalten zu rechtfertigen, u. a. durch die grausame Endphase von Belle Reve, als sie das jahrelange und tagtägliche Elend nur durch ein paar glückliche Momente in den Nächten kurz überspielen konnte. Aber Mitch ist nicht mehr zu überzeugen. Er unternimmt jedoch noch einen letzten körperlichen Annäherungsversuch. Als er auf Blanches Frage hin klarstellt, dass er sie nicht heiraten wird, verscheucht sie ihn, indem sie um Hilfe ruft.

Blanche und Mitch entzweit

Zehnte Szene

Blanche trinkt in dieser Nacht ohne Pause weiter. Stanley kommt aus der Klinik zurück, das Baby ist noch nicht da. Blanche sagt ihm, sie habe ein Telegramm von einem alten Liebhaber erhalten, der sie zu einer Seefahrt durch die Karibik einlade. Stanley kommentiert das ironisch, er glaubt ihr auch jetzt kein Wort.

etw. durchschauen: **to see through s.th.**
etw. überspielen: **to cover s.th.**

Er plaudert plötzlich los und macht schlüpfrige Bemerkungen. Blanche ist erschrocken und versucht, ihn durch ein Gespräch abzulenken. Sie äußert sich abfällig über Mitch, verdreht dabei völlig den Verlauf des letzten Zusammentreffens mit diesem und stellt es so dar, als habe er sie mit Rosen um Verzeihung gebeten. Stanley sagt ihr auf den Kopf zu, dass sie keine Rosen und auch kein Telegramm bekommen hat.

Blanche ist völlig verstört. Als Stanley ins Bad geht, versucht sie, Shep Huntleigh, ihren früheren Verehrer, anzurufen, doch ohne Erfolg.

Blanches Vergewaltigung

Stanley kommt aus dem Bad und baut sich vor ihr auf. Sie hat Angst, will ihn mit einer zerbrochenen Flasche fernhalten, aber er ist stärker und trägt sie zum Bett, wo er sie vergewaltigt.

Elfte Szene

In der Schlussszene einige Tage später sitzen die Männer erneut in Stanleys und Stellas Wohnung beim Poker. Stella ist zurück, sie hat einen kleinen Jungen, beide sind wohlauf. Blanches großer Koffer ist gepackt, Stella hat sie auf eine Fahrt aufs Land eingestimmt, sie soll dort angeblich eine Zeitlang wohnen. Blanche ist wieder einmal im Badezim-

plaudern: **to have a chat**
ablenken: **to distract**
verstört: **bewildered**
sich vor jdm. aufbauen: **to plant o.s. in front of s.o.**
jdn. auf etw. einstimmen: **to prepare s.o. for s.th.**

mer, sie weiß nicht, was auf sie zukommt und hofft auf einen Anruf von Shep Huntleigh, der sie abholen soll – so hätte sie es gerne. Sie beschreibt ihre Illusion vom Rest des Lebens am Meer ganz plastisch und steigert sich in diesen Traum hinein.

Blanches Ende in der Psychiatrie

Tatsächlich hat Stella veranlasst, dass Blanche auf Dauer in eine psychiatrische Anstalt gebracht wird. Sie hat sich entschieden, mit Stanley weiterzuleben – deshalb kann und will sie nicht glauben, dass er ihre Schwester vergewaltigt hat; also lässt sie Blanche als Verrückte abholen und wegsperren. Eunice unterstützt sie dabei. Dennoch bricht Stella fast zusammen, als der Arzt und seine Helferin Blanche abholen. Auch Mitch sitzt völlig zerschlagen am Tisch. Er ist voller Aggressionen gegen Stanley und geht auf ihn los, dann fällt er in sich zusammen.

Als Blanche schließlich freiwillig mit dem Arzt aus dem Haus geht, weint Stella, lässt sich aber von Stanley trösten. Steve fordert indessen seine Freunde auf, die Karten auszuteilen.

sich in etw. hineinsteigern: **to get completely caught up in s.th.**
Verrückte: **lunatic**
jdn. wegsperren: **to lock away s.o.**
jdn. trösten: **to console s.o.**

3. Personen

Blanche DuBois ist die Hauptfigur des Stückes. Sie ist etwa 30 Jahre alt, Lehrerin für englische Literatur und älteste Tochter einer französischstämmigen Adelsfamilie in Mississippi. Sie ist stets besonders gut gekleidet, pflegt und badet sich ausgiebig und möchte nicht, dass sie jemand im hellen Licht sieht und ihr wirkliches Alter erkennen kann.

Sie hat einen gewissen kulturellen Anspruch, aber keine finanziellen Mittel mehr. Während ihre Schwester Stella schon zehn Jahre zuvor (18,1) das heimische Gut im Süden verlassen hat, ist sie bis zuletzt geblieben und hat den Tod aller Angehörigen und den endgültigen Verlust des Anwesens erlebt.

Gehobener Habitus

Blanche hat einiges mitgemacht, aber sie ist auch selbst kein unbeschriebenes Blatt. Ihr Schwager Stanley, der sie von der ersten Begegnung an wegen ihres gehobenen Habitus nicht mag, findet heraus, dass sie zuletzt fast wie eine Prostituierte gelebt hat und wegen einer Beziehung zu einem Schüler aus dem Schuldienst entlassen wurde. Er zerstört mit der Weitergabe seines Wissens ihre letzte Hoffnung auf ein neues Leben, die aufkeimende Liebe zu Harold Mitchell (Mitch) und vernichtet ihre ohnehin sehr fragile Psyche am Ende durch eine Vergewaltigung.

Blanche kommt zu ihrer Schwester, vorgeblich, um sich zu erholen. Sie lebt in ihrer eigenen Phantasiewelt und ver-

unbeschriebenes Blatt: **unknown quantity**
gehobener Habitus: **elevated deportment**

steht nicht, wie Stella sich mit dem Milieu und der Beziehung zu dem animalisch-brutalen Stanley arrangieren konnte. Sie macht zwar ständig einen schwächlichen Eindruck, ist aber durchgängig aktiv und versucht, Stella von ihm weg auf ihre Seite zu ziehen. Daneben verschafft sie Mitch eine Liebesillusion. Doch dabei belügt sie sich selbst und die anderen, ohne die Konsequenzen realistisch in Betracht zu ziehen.

Psychische Zerstörung

Ihre psychische Zerstörung hat schon längst eingesetzt, bevor sie nach New Orleans gekommen ist, denn sie neigt deutlich zum Alkoholismus. Ursächlich für diese Entwicklung ist das Trauma, das der Verlust ihres Ehemannes in jungen Jahren hervorgerufen hat: Kurz nachdem Blanche seine Homosexualität entdeckt hatte, beging er Selbstmord (101–103).

Die enge Wohnung, Stellas Lebensweise, der aggressive Ton Stanleys und schließlich die Ablehnung durch Mitch, vor allem aber die Vergewaltigung durch Stanley geben ihr den Rest. Sie flüchtet sich zum Schluss völlig in ihre Phantasievorstellungen und nimmt ihre Einlieferung in die Psychiatrie nicht recht zur Kenntnis.

Blanche symbolisiert in vielen Punkten den Niedergang der alten feudalen Gruppierungen aus dem Süden der USA und deren Kultur. Sie ist die wirkliche Verliererin im Handlungsnetz des Theaterstückes.

sich mit etw. arrangieren: **to come to an arrangement with s.th.**
etw. zur Kenntnis nehmen: **to take note of s.th.**

Gegenpol zu Blanche

Stanley Kowalski ist der Gegenpol zu Blanche. Er steht für das neue Amerika des 20. Jahrhunderts, seine Vorfahren stammen aus Polen, er arbeitet im Bereich der wichtigsten US-Industrie dieser Zeit, der Autobranche. Er ist ein sehr maskuliner Typ, selbstbewusst, sexbesessen und herrschsüchtig, spielt Poker und kegelt mit seinen Kumpanen, ist etwa 30 Jahre alt. Seine Brutalität, sein Bildungsmangel und seine Rücksichtslosigkeit stehen in direktem Gegensatz zu Blanche, die er sehr schnell als Lügnerin und Betrügerin erkennt, als Gefahr für seine Ehe und seine Freundschaft zu Mitch; deshalb will er sie loswerden.

Schlechter Charakter

Stanley ist eine Figur von betont schlechtem Charakter: Er schlägt seine Frau, die ihn sehr liebt. Er greift seinen besten Freund Mitch an, als dieser sich verliebt, er wird gewalttätig, wenn ihm etwas nicht passt, er treibt die ohnehin schon sehr geschwächte Blanche in die Enge und sucht immer nur seinen eigenen Vorteil. Er nimmt sich in jeder Situation, sogar beim Essen, was er kriegen kann und kennt keine Skrupel, wie die Vergewaltigung zeigt. Seine Sprache ist primitiv, seine Manieren sind extrem schlecht, sein Verhalten ist, wie Blanche richtig bemerkt, vollkommen kulturlos. Hinzu kommt sein weinerliches Gejammer, wenn es ernst wird: Als Stella nach seinem Gewalt-

Gegenpol: **counterpart**
Vorfahren: **ancestors**
sexbesessen: **obsessed with sex**
Bildungsmangel: **lack of education**
keine Skrupel haben: **to stop at nothing**
weinerliches Gejammer: **weepy moaning**

ausbruch aus der Wohnung wegläuft, weint und jault er und zeigt ganz deutlich das schwache Ich, die große Hilflosigkeit, die sich hinter seinem Macho-Gehabe verbirgt. Seine Gedankenwelt ist u. a. von der Racheidee geprägt: Da Blanche ihm kulturell und intellektuell weit überlegen ist, vergewaltigt er sie bei der ersten Gelegenheit, noch dazu in dem Moment, als seine eigene Frau ihr erstes Kind zur Welt bringt.

Schwaches Ich

Insgesamt ist Stanley Kowalski eine Ansammlung von Negativeigenschaften, die sich kaum noch steigern lässt. Sein einziger Vorteil bleibt die äußerliche Attraktivität, die offenbar ausreicht, um seine Frau und auch seine Freunde bei der Stange zu halten. Möglicherweise steckt in der Darstellung dieser oberflächlichen Orientierung der Menschen eine Kritik von Williams an der modernen Massengesellschaft, in der Äußerlichkeiten und der Einsatz der Ellenbogen hohes Prestige besitzen.

Einsatz der Ellenbogen

Stella Kowalski ist etwa 25, sie ist schon sehr früh von Belle Reve weggegangen. Sie ist sanft und weich und hört lieber zu, als dass sie viel redet. Sie hat ihre aristokratische Herkunft ganz gegen die Unterschichtrealität in New Orleans eingetauscht und ihren kulturellen Hintergrund weitgehend verloren. Sie liest Comics und sieht ihrem Mann beim Kegeln zu, aber sie geht auch mal ins Kino und spielt Bridge. In einzelnen Situationen geht sie auch auf Konfrontation zu Stanley, aber sie gibt schließlich immer nach.

Einsatz der Ellenbogen: **use of one's elbows**

Absolute Priorität: Stanley

Stella hat eine absolute Priorität: Stanley. Und Stanley bedeutet letztlich Sex. Sie sagt das auch deutlich. Was tagsüber passiert, ist für sie nicht so wichtig, verglichen mit den Nächten. Sie hat sogar eine gewisse Sympathie für seine Brutalitäten, sie will diese animalische Beziehung um keinen Preis aufgeben. Eine Weile schwankt sie etwas zwischen Blanche und Stanley, zwischen ihrer Herkunft und der Realität der Gegenwart. Am Ende entscheidet sie sich ohne große Skrupel für das reale Leben, so, wie sie es unter den gegebenen Bedingungen haben will. Sie setzt sich vollständig von Blanche ab, die die feudale Lebensweise der Vergangenheit im Süden der USA repräsentiert, und schlägt sich voll auf Stanleys Seite; dieser steht für die flache, materialistische, schnelllebige und harte Wirklichkeit der bürgerlichen Industriegesellschaft, die das feudale Erbe beiseite schiebt. Sie verrät dadurch ihre Schwester und damit ihren sozialen Urgrund. Das muss sie tun, wenn sie inmitten der neuen Welt leben will.

Verrat an der eigenen Schwester

Aber sie begeht nicht nur Verrat an der eigenen Schwester und deren Welt, sie verleugnet am Schluss auch selbst die Realität, genau wie Blanche. Denn sie will nicht wahrhaben, dass Stanley ein Vergewaltiger ist, dass sie selbst für die Gewalt Partei ergreift und das Opfer zusätzlich bestraft.

schwanken: **to be undecided**
ohne große Skrupel: **without scruple**
schnelllebig: **fast-moving**
Verrat an jdm. begehen: **to betray s.o.**
für jdn. Partei ergreifen: **to side with s.o.**

Mitch ist in derselben Fabrik beschäftigt wie Stanley, sie waren gemeinsam beim Militär und sind seither befreundet. Er gehört zu der Clique um Stanley und spielt mit ihnen Poker. Seine Mutter ist sehr krank, deshalb hat er immer ein schlechtes Gewissen, wenn es abends spät wird und er nicht zu Hause ist.

Er ist etwa 30 Jahre alt, sehr kräftig, schwerfällig, betreibt Muskeltraining und ist nicht gerade gesprächig. Mitch ist weniger primitiv und roh als die anderen, weshalb ihn Blanche anziehend findet. Ihre Gefühle werden von ihm erwidert, für einen Augenblick scheint es, als würden sie ein Paar. Blanche klammert sich an einen Strohhalm, sie hofft auf eine gemeinsame Zukunft mit ihm.

Gefühle zwischen Mitch und Blanche

Zwischen beiden steht jedoch Stanley. Während Stella die Beziehung fördert, ist Stanley regelrecht eifersüchtig auf Blanche, weil sie ihm den Freund wegnehmen könnte, d. h. sie könnte ihn aus Stanleys Dominanz befreien. Um das zu verhindern, stellt er intensive Nachforschungen über Blanches Leben an und wird auch fündig. Seine Informationen gibt er ausführlich und befriedigt an Mitch weiter, so dass dieser praktisch gezwungen ist, die Beziehung zu Blanche abzubrechen.

Mitch spielt quasi Stanleys Schatten. Er zerreißt den Papier-Lampenschirm, den Blanche angebracht hat, um sich vor dem hellen Licht zu schützen, und er will

Mitch als Stanleys Schatten

schwerfällig: **awkward**
sich an einen Strohhalm klammern: **to clutch at straws**
fündig werden: **to make a strike**

Personenkonstellation

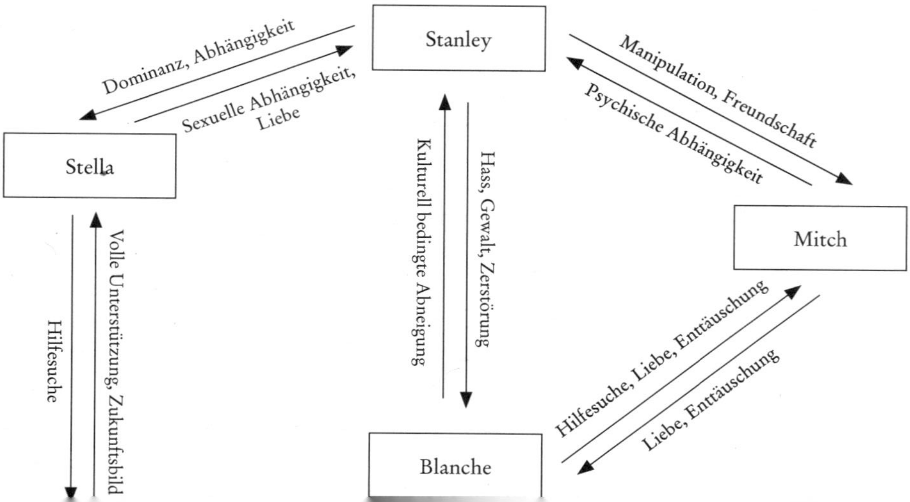

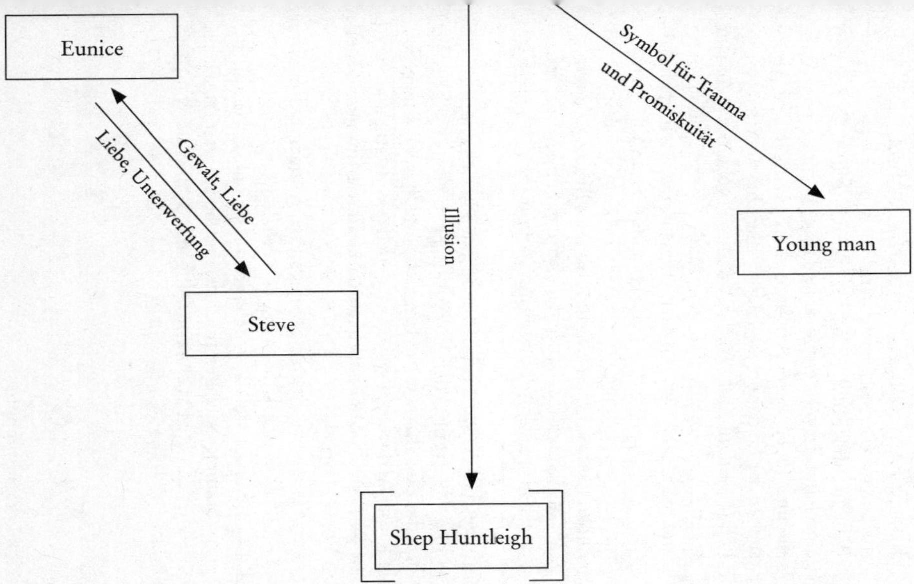

Eunice
Gewalt, Liebe
Liebe, Unterwerfung
Steve
Illusion
Shep Huntleigh
Symbol für Trauma
und Promiskuität
Young man

Blanche vergewaltigen – was dann in brutaler Konsequenz erst von Stanley verwirklicht wird.
Blanche, die Mitch zunächst als geborenen Gentleman einschätzt, ist sehr enttäuscht, dass er sich so leicht gegen sie aufbringen lässt. Am Ende des Schauspiels ist Mitch (neben Stella) der einzige, der an Blanches Schicksal wirklich Anteil nimmt. Als sie in die Psychiatrie gebracht wird, gibt er Stanley die Schuld für Blanches Untergang und bricht angesichts dieser Entwicklung zusammen.

Damit bleibt Mitch die einzige Hauptfigur, die auch am Ende des Dramas noch mit Stanley im Konflikt liegt. Es ist denkbar, dass er diesen Konflikt bis zum Bruch der Freundschaft ausdehnen wird. Jedenfalls wird er Stanley immer kritisch sehen, das alte Verhältnis ist nicht mehr reaktivierbar.

Eunice und **Steve Hubbell** sind die Hauseigentümer, sie wohnen direkt über den Kowalskis. Sie führen eine Ehe, die ähnliche Züge hat wie die von Stella und Stanley. Eigentlich lieben sie sich sehr, aber Steve ist auch gewalttätig und neigt zur Rücksichtslosigkeit; dennoch kommt er immer wieder zu Eunice zurück.

Von Steve, der auch an Stanleys Pokerrunden teilnimmt, kommt keine Kritik an Stanleys Verhaltensweisen. Analog dazu ist Eunice stets auf Stellas Seite, sie nimmt sie auf, als sie vor Stanleys Schlägen flüchtet, und sie unterstützt sie, als sie Blanche in die Psychiatrie bringen lässt und die Wahrheit einfach verdrängt.

verdrängen: **to suppress**

4. Werkaufbau

Das Drama hat elf Szenen, in der deutschsprachigen Fassung (siehe Lektüretipps) werden diese in drei Akte eingeteilt. Jede Szene bildet einen abgeschlossenen Handlungsteil, wobei sich die Spannung jeweils von Szene zu Szene steigert. Aber auch innerhalb jeder einzelnen Szene sind typische Spannungssteigerungen zu erkennen.
Handlungsort ist fast ausschließlich die Wohnung der Kowalskis, der Zeitraum umfasst etwa vier bis fünf Monate, von Mai bis September. Die Handlung selbst wird zum Schluss hin auf wenige Tage verdichtet, um die Dramatik zu erhöhen.
Sie ist lokalisiert auf ein Unterschichtviertel in New Orleans/Louisiana im Süden der USA. Zur Form gehört auch der stark betonte Antagonismus der beiden Hauptfiguren Blanche und Stanley, auf deren Auseinandersetzung sich das Stück konzentriert.

Erste Konfrontation

Erste Szene. Blanche DuBois, eine schöne und zerbrechliche Frau aus den Südstaaten der USA, kommt zu ihrer Schwester Stella nach New Orleans. Sie hat schwere Zeiten hinter sich und will sich hier erholen. Nach ihrem Bericht über den endgültigen Verlust des verschuldeten elterlichen Anwesens stellt sich schnell eine Konfrontation zwischen Stanley, Stellas Mann, und Blanche ein. Diese beruht auf einem scharfen Gegensatz in Lebensweise und kulturellem Hintergrund; Stanley ist zwar äußerlich beeindruckend, aber aggressiv und primitiv; Blanche entstammt der Geldaristokratie und ist Lehrerin für englische Literatur.

Stanleys Zweifel

Zweite Szene. Stanleys Aversion nimmt schon am nächsten Abend deutliche Formen an. Er glaubt Blanche nicht, dass das Anwesen ohne Erbschaft verloren ging, und ist sich sicher, dass Blanche noch Geld hat. Blanche tut sich durch ihr Verhalten keinen Gefallen, denn sie flirtet Stanley an, was sie für ihn noch suspekter macht. Er selbst ist auch nicht gerade vertrauenswürdig, denn er verrät Stellas Schwangerschaft an Blanche; Stella wollte sie geheim halten.

Mitch und Blanche

Dritte Szene. Der Konflikt verschärft sich weiter, als sich Mitch, ein Freund Stanleys, in Blanche verliebt. Stanley wird darüber so wütend, dass er schließlich Stella schlägt. Zu Blanches Entsetzen geht sie aber gleich wieder mit ihm ins Bett. Sie hat keine Chance, sich zwischen Stanley und Stella zu schieben. Das Verhältnis der beiden ist sehr eng und sexuell bestimmt.

Stella hat sich angepasst

Vierte Szene. Am nächsten Morgen redet Blanche intensiv auf Stella ein. Stella hat sich aber völlig von ihrem Herkunftsmilieu gelöst und führt mit Stanley im Unterschichtmilieu ein zufriedenes Leben, trotz Gewalt und bescheidenen Verhältnissen. Blanche kann das nicht begreifen.

Formen annehmen: **to take shape**
sich keinen Gefallen tun: **to do o.s. no favours**
vertrauenswürdig: **trustworthy**
sich von etw. lösen: **to break away from s.th.**

Fünfte Szene. Stanley setzt die Konfrontation mit Blanche fort. Er hat Erkundigungen über sie eingezogen und einiges über sie erfahren, z. B. dass sie zuletzt fast wie eine Prostituierte gelebt hat. Blanche sieht in Mitch ihre letzte Chance auf ein geregeltes Leben, sie will ihn heiraten. Ihr widersprüchlicher Charakter zeigt sich, als sie (kurz vor einem Rendezvous mit Mitch) mit einem sehr jungen Mann flirtet, der sie wohl an ihren früheren Ehemann erinnert.

Wahrheiten über Blanche

Sechste Szene. Die Beziehung mit Mitch entwickelt sich nach einem offenen Gespräch gut. Beide sind sich einig, dass sie zusammengehören. Stella würde sich freuen, aber Stanley will seinen Freund nicht an die verhasste Blanche verlieren. Es ist absehbar, dass er alles unternimmt, um die Beziehung zu zerstören.

Stanley agiert gegen Blanche

Siebte Szene. Stanley hat gesicherte Informationen über Blanche bekommen. Sie hat nicht nur zahlreiche sehr kurze Männerbekanntschaften gehabt, sondern ist auch wegen der Beziehung zu einem Schüler als Lehrerin entlassen worden. Er teilt das sofort Mitch mit und macht damit die Heiratspläne zunichte.

Achte Szene. Die Spannung steigt, als Mitch nicht zu Blanches Geburtstagsfeier erscheint. Stanley wirft Blanche mit einer Frist von

Steigende Spannung

Männerbekanntschaft: **male friendship**

wenigen Tagen aus der engen Wohnung. Darüber ist Stella sehr böse, was zu einem erneuten Gewaltausbruch Stanleys führt. In diesem Moment setzen bei Stella die Wehen ein.

Neunte Szene. Der Konflikt zwischen Stanley und Blanche wirkt sich jetzt auch direkt auf ihr Verhältnis zu Mitch aus. Sie treffen alkoholisiert aufeinander. Er bezeichnet sie als Lügnerin und akzeptiert keine ihrer Erklärungen für ihre Vergangenheit. Schließlich macht er kurz Anstalten, sie zum Sex zu zwingen.

Höhepunkt der Gewalt

Zehnte Szene. Die Entwicklung des Stückes erreicht ihren Höhepunkt, als Blanche in derselben Nacht weiter trinkt und Stanley vorzeitig aus der Klinik zurückkehrt; das Baby ist noch nicht da, sie sind allein in der Wohnung. Die Spannungen zwischen beiden steigern sich, untermalt von kriminellen Vorgängen im Viertel. Blanche wird von Stanley vergewaltigt. Blanches ohnehin geschwächte Psyche wird dadurch vollends zerstört.

Nachspiel

Elfte Szene. Die Bereinigung der Situation wird am Ende nicht von den beiden Antagonisten vollzogen, sondern von Stella. Sie steht offenbar keine Sekunde lang vor der Frage, ob sie sich von dem Vergewaltiger ihrer Schwester trennen soll. Sie

Gewaltausbruch: **eruption of violence**
vorzeitig: **prematurely** (Adv.)
etw. untermalen: **to accompany s.th.**

veranlasst Blanches Einlieferung in die Psychiatrie und will ihr Leben mit Stanley und dem Kind fortsetzen wie zuvor, d. h. sie stellt sich voll auf die Seite des »Siegers« und vernichtet die Verliererin endgültig.

etw. veranlassen: **to arrange for s.th.**
jdn. vernichten: **to wipe out s.o.**

Werkaufbau

1	Blanches Ankunft in New Orleans	Blanches Kampf um Stella
2	Stanley fordert Dokumente über Belle Reve	
3	Stanley schlägt Stella, die zur Nachbarin flüchtet	
4	Stella liebt Stanley – Blanche muss das einsehen	
5	Blanche flirtet mit dem sehr jungen Mann	Blanches letzte Chance
6	Blanche und Mitch sind verliebt	

7	Mitch kommt nicht zu Blanches Geburtstag	Blanches Zerstörung
8	Stanley kündigt Blanches Rauswurf an – Stella hat Geburtswehen	
9	Letzte Aussprache zwischen Blanche und Mitch	
10	Stanley vergewaltigt Blanche	
11	Stella veranlasst Blanches Einweisung in die Psychiatrie	Blanche wird beseitigt

5. Interpretation

Handlung

A Streetcar Named Desire spielt etwa in der Mitte des 20. Jahrhunderts in einem heruntergekommenen Stadtviertel von New Orleans im Milieu ethnisch gemischter Gruppen. Das Stück berührt mehrere zentrale Themen, soziale Aspekte ebenso wie psychische Verfasstheiten und persönliche Beziehungen. Es geht von Beginn an um Probleme des Zusammenlebens, weniger um gesellschaftliche Verhältnisse oder Strukturen. Die Konzentration auf diesen Bereich, auf die Tragik der Hauptfigur, bringt in den Handlungsablauf eine Tendenz, die meisten Entwicklungen als schicksalhaft oder unabänderlich darzustellen und sie weniger als Folge menschlicher Aktivitäten zu verstehen, zu denen es Alternativen gäbe.

Tragik und Schicksal

Sozialgeschichtliche Milieus

Amerikanischer Bürgerkrieg als historischer Hintergrund

Der rote Faden des Werkes ist der Gegensatz zwischen Stanley und Blanche. Er steht als Miniatur für den Bürgerkrieg zwischen den amerikanischen Nord- und Südstaaten im 19. Jahrhundert (1861–1865). Hinter diesem Zwist, der mit der Niederlage der deutlich

schicksalhaft: **fateful**
roter Faden: **central thread**

unterlegenen Südstaaten endete, standen konkrete Klassen und Interessen. Die Armee der Südstaaten kämpfte für die Erhaltung der aristokratischen Strukturen, für die Plantagenwirtschaft mit den Großgrundbesitzern an der Spitze, mit sozialökonomischen Kernen aus Sklaverei, Rassismus und extremen Einkommens- und Vermögensunterschieden; die hier dominierenden Geld- und Landaristokraten verfügten zusätzlich auch über kulturelle Privilegien und waren in mancher Hinsicht mittelalterlichen Fürsten an ihren Höfen ähnlich.

Der Niedergang dieser Schicht vollzog sich nach dem Ende des Bürgerkriegs konsequent, er stand aber nicht mehr im Blickpunkt der Öffentlichkeit. Im Drama stehen Blanche und Stella für diesen Prozess. Blanche hält an den alten kulturellen Vorstellungen fest, Stella dagegen hat sich davon völlig losgesagt und sich frühzeitig und widerspruchslos in ein völlig anderes Milieu integriert. In letzter Konsequenz wiederholt sie damit das realhistorische Muster des Sieges der Nordstaaten bzw. des industriellen Nordens der USA über den Süden, sie reproduziert in ihrem persönlichen Verhalten den Aufstieg der bürgerlichen Industrie- und Massengesellschaft, für den der Niedergang des feudal geprägten Südens Voraussetzung war.

Das neue Milieu verdichtet sich in Stanley als Charakter. Er repräsentiert die nördliche Industrie- und Schmelztie-

Großgrundbesitzer: **owner of a large estate**
Fürst: **prince**
sich von etw. lossagen: **to renounce s.th.**
sich verdichten: **to condense**
Schmelztiegelgesellschaft: **melting pot**

gelgesellschaft, die sich bis etwa 1950 voll entwickelt hat. Er arbeitet im damals führenden Wirtschaftszweig, der Autobranche, und ist Abkömmling polnischer Einwanderer, eine Attraktion für Frauen, voller Energie, sinnlich-realistisch, hat typische Arbeiterinteressen in der Freizeit und lebt im Arbeitermilieu. Stanley wendet sich gegen Diskriminierung, ist mit Menschen anderer Hautfarbe und anderer Nationalität befreundet und zeigt seine Abneigung gegen das kultivierte und aristokratische Milieu deutlich. Er bekämpft dieses Milieu in der Person Blanches mit allen Mitteln: Misstrauen, Rufschädigung, versteckte Schachzüge, offene Aggression bis hin zum Verbrechen in Form von Vergewaltigung einer Person, die doch schon besiegt war, als sie bei den Kowalskis ankam.

Stanley hasst Blanches Milieu

Blanches endgültige Zerstörung führen aber Stanley und Stella gemeinsam herbei, in Übereinstimmung mit dem gesamten Freundes- und Bekanntenkreis. Denn außer Mitch hat niemand etwas gegen die psychiatrische Einweisung: Er ist die einzige Hauptfigur, die wenigstens in einigen Punkten von Stanleys Habitus abweicht. Daher ist es logisch, dass er das finale Aussondern Blanches nicht akzeptieren will. Trotzdem bleibt auch er im Lebens- und Sozialmilieu der Kowalskis verhaftet.

Mitchs Sonderrolle

Blanche bleibt im kulturellen und sozialen Kontext des Stückes die Minderheit schlechthin, sie hat zu keiner Zeit ei-

Rufschädigung: **defamation**
versteckter Schachzug: **hidden move**
von etw. abweichen: **to deviate from s.th.**
etw. aussondern: **to sort s.th. out**

ne Chance, akzeptiert oder integriert zu werden. Die bürgerliche Welt des 20. Jahrhunderts setzt sich mit einem Katalog von negativen und aggressiven Maßnahmen gegen die Vergangenheit, gegen die adligen Überbleibsel einer anderen Zeit und Gesellschaft durch. Das Handlungsmuster folgt insgesamt dem tatsächlichen historischen Ablauf.

Leben und Tod

Der Prozess dieser Verdrängung erscheint als Degeneration mit quasi tödlichem Ausgang. Blanches Bewusstsein ist voller Bilder und Ängste, die mit Vergehen und Tod zu tun haben. Sie schildert ausführlich das Dahinsiechen ihrer Eltern in der Schlussphase von Belle Reve, dem hoch verschuldeten Gut. Mehrere Vorgängergenerationen hatten das Vermögen verschleudert, insbesondere die Männer, vor allem für außereheliche Affären. Typisch für den Umgang mit dem Niedergang und dem Tod ist hierbei die Arbeitsteilung zwischen Männern und Frauen: Die Abwicklung und die Pflege bis zum Tod bleibt einer Frau überlassen.

Der Tod ist in Blanches Innerem ständig präsent. Sie denkt oft an den Tod ihres noch sehr jungen Ehemannes, den sie durch eine unbedachte Äußerung über seine homosexuelle Neigung mit verursacht hat. Blanche selbst wird durch die Vergewaltigung psychisch getötet; alles wirkliche Leben ist nach diesem brutalen Überfall aus ihr verschwunden, ihre individuelle Existenz endet mit der Einlieferung in die psychiatrische Anstalt.

dahinsiechen: **to languish**
unbedacht: **thoughtless**

Dialektik des Todes

Aber auch der Tod muss in diesem Stück dialektisch betrachtet werden. Blanches Ende, der Tod ihrer Persönlichkeit, ist die Voraussetzung dafür, dass Stella und Stanley ihr Leben in der gewünschten Form fortsetzen können; Stella könnte nicht bei Stanley bleiben, wenn sie Blanche die Vergewaltigung durch Stanley glauben würde. Dadurch wird auch erkennbar, dass die bürgerlich-moderne Ordnung nicht nur den Tod der feudalen Lebensweise bedeutet, sondern auch, dass das neue Lebensmodell auf einer grundlegenden Lüge und einem gewalttätigen Prozess beruht. Auch die neue Gesellschaft baut auf einer Ideologie auf, nicht anders als das vorherige System. In ihre Grundmauern sind fundamentale Unwahrheiten eingebaut, sie hat von Anfang an moralische Defizite und ist nicht unbedingt besser als die alte Welt, nur grundlegend anders.

Normalität und Wahnsinn

Stanleys Normalität

Normalitätsdefinitionen sind abhängig vom Zeitgeist und von Machtpositionen, auch im Theater. Stanleys Verhalten ist in vielen Punkten die Normalität seiner Zeit, seines Milieus, seiner Berufstätigkeit und seiner kulturellen Fähigkeiten. Für ihn spielen die typischen Dinge des Alltags die Hauptrolle: eine starke eigene Position, Freizeitspaß, Alkohol, Genüsse und Sex und natürlich Geld, das man sich irgendwie besorgen könnte (wie z. B. das Erbe von Belle Reve). Normal scheint im Stück alles, was Stella und Stan-

Zeitgeist: **spirit of the times**

ley tun, während sich Blanche oft anders verhält und das auch häufig begründet, aber bei niemandem auf Akzeptanz stößt. Sie symbolisiert eine andere Normalität und lebt in einer eigenen Welt voller Träume und Illusionen, sie will bewundert werden, auf Partys gehen, unvergänglich schön aussehen. Die Aufwertung einer selbstbetrügerischen, promiskuitiven und gescheiterten Frau zur literarischen Heldin, für die das Publikum Mitleid und auch Verehrung empfindet, bedeutet eine Innovation.

Aber die Realität ihres Alltags sieht anders aus. Sie hat keinen Cent, niemand hilft ihr wirklich, und gegen den brutalen Stanley kann sie nichts ausrichten. Als sie schließlich auch noch von ihrer eigenen Schwester verleugnet wird, ist sie tatsächlich dem Wahnsinn nah.

Blanches Wahnsinn

Der Alltagsrealismus, der die Welt der Kowalskis bestimmt, steht in vollem Kontrast zu Blanches Denken und Handeln. Sie führen ein Leben, das zu dieser Zeit durchaus normal gewesen ist, auch die besonders starke Rolle der Sexualität ist bei einem so jungen Paar nichts Außergewöhnliches. Dass sie sich in vielen Bereichen ständig der Grenze nähern, z. B. beim Alkoholkonsum, bei der Sinnlichkeit, bei der Austragung von Konflikten, hängt vor allem mit ihrer sozialen Position zusammen. Sie wohnen im Unterschichtviertel, die Kriminalität lauert um die Ecke, Exzesse sind Teil des Alltags um sie herum und bei ihnen zu Hause.

Doch auch Stella praktiziert massive Realitätsverleug-

unvergänglich: **everlasting**
selbstbetrügerisch: **self-deceptive**
gescheitert: **failed**
lauern: **to lie in wait**

nung, um ihre bescheidene Existenz nicht neu ordnen zu müssen, und opfert Blanche. Blanches Lebenswelt wird als Wahnsinn abgetan, aber nüchtern und korrekt ist die Lebensweise und Moral der anderen auch nicht.

Freiheit und Schicksal

Werktitel mit Bedeutung

Der Titel *A Streetcar Named Desire* berührt den Kern des Dramas. Sind die Handelnden in ihren Entscheidungen frei oder ist ihr Weg vorbestimmt, durch ihren Charakter und die äußeren Bedingungen? Blanches Weg, in dem sich viele Ideale, Träume, Hoffnungen, Wünsche und Illusionen verbinden, wird als eine endlose Kette von Niederlagen und Enttäuschungen beschrieben, die mit der Einlieferung in die psychiatrische Klinik zum Abschluss kommt. Blanche versinnbildlicht den Schicksalsbegriff, ihr bleibt kein Ausweg, sie scheint zum Untergang bestimmt, ohne realistische Hoffnung.

Stella dagegen ist zwar weniger temperamentvoll und verfügt auch nicht über die Kultiviertheit und Eloquenz ihrer Schwester, aber sie hat sehr früh eine grundsätzliche Entscheidung getroffen, ihr ursprüngliches Lebensmilieu bewusst aufgegeben und sich vollkommen umgestellt. Sie lebt jetzt in einer komplett andersartigen sozialen Sphäre als früher, sie ist sehr zufrieden, sie liebt ihren Mann und bekommt Nachwuchs, sie handelt aktiv und so ausgreifend,

etw. opfern: **to sacrifice s.th.**
sich umstellen: **to change**
Nachwuchs bekommen: **going to have a baby**

dass sie ihre soziale Klasse aufgibt, um sich in ein anderes Milieu zu integrieren, wohl wissend, dass es auch hier Probleme gibt.

Als besonders kämpferisch und eigenständig handelnd erleben wir Stanley, der viele Situationen bestimmt und vieles unternimmt, um Blanche zu bekämpfen, und der sich auf längere Sicht auch nicht mit seiner momentanen beruflichen und sozialen Lage abfinden wird. Seine Verhaltensweisen werden nicht als Folge eines Schicksals, sondern als Konsequenz seiner Launen, seiner Willkür, aber auch seiner gezielten Überlegungen, seiner Neugier sowie seiner Gier nach Macht über seine Umgebung expliziert. Er vertritt einen Handlungstyp, der die Grenzen der Handlungsfreiheit im klassischen Sinn in etlichen Punkten überschreitet – denn er schränkt durch seine exaltierten und egomanischen Aktionen die Freiheit der anderen erheblich ein und wird dabei sogar zum Verbrecher: erst zum Gewalttäter, dann zum Vergewaltiger.

Stanley als entscheidender Akteur

So ist auch die Relation von Freiheit und Schicksal dialektisch; die Auflösung erfolgt zugunsten der Freiheit, die sich aber selbst schuldig macht und sich auf Kosten anderer durchsetzt. Die Folgen bleiben sehr ungleich verteilt, zwischen Blanche einerseits und Stella und Stanley andererseits.

Freiheit und Schuld

auf längere Sicht: **in the long term**
sich mit etw. abfinden: **to accept s.th.**
Gier: **greed**

Stil und Dramaturgie

Die Sprache des Stückes ist einfach, entsprechend dem sozialen Milieu geht sie oft über in vulgäre Ausdrucksformen, insbesondere bei Stanley. Blanche dagegen drückt sich oft blumig und stilvoll aus, sie verfügt über einen breiten Wortschatz und kann ihre Befindlichkeiten und Gedanken sehr gut in Worte fassen. Gelegentlich äußert sie sich auf wirklich hohem stilistisch-rhetorischem Niveau. Der starke Kontrast zu Stanleys Sprache zeigt sich vor allem auch dort, wo dieser offensichtlich nicht die Grundgrammatik beherrscht. Die Sprache einer High-School-Dozentin für englische Literatur unterscheidet sich deutlich von der eines Industriearbeiters; diese Differenz ist aber noch größer zu dem ausgesprochen primitiven Sprachgebrauch von Eunice und Steve.

Unterschiedliche Sprachniveaus

Auffällig und für ein Theaterstück außergewöhnlich detailliert und elegant formuliert sind die Regieanweisungen und Anmerkungen des Verfassers, die sich nicht nur am Anfang jeder Szene, sondern auch innerhalb der einzelnen Sequenzen finden. Williams hat dafür weit überdurchschnittlichen Aufwand betrieben.

Außergewöhnliche Regieanweisungen

Form

Einfluss des Kinos

Williams setzt nicht nur verschiedene visuelle und akustische Effekte ein, er ist auch beeinflusst vom Kino. Dadurch kann ein

auffällig: **conspicuous**

Teil seiner Experimentierlust[2] erklärt werden. Leidenschaftliche und aggressive Handlungsformen spielen eine hervorragende Rolle in diesem Stück, das sich z. B. bei der Darstellung und Erörterung sexueller Themen für seine Zeit weit vorwagte.

Symbole

Das Stück steckt voller Symbole, auch darin zeigt sich seine literarische Qualität. Der Titel soll verdeutlichen, dass der Weg des Begehrens und der Sehnsucht lang und doch erfolglos sein kann. Die Polkatöne, die Blanche häufig im Ohr hat, erinnern leitmotivisch an den frühen Tod ihres Ehemanns. Die langen Bäder Blanches stellen den symbolischen Versuch dar, sich von der Schuld am Tod ihres Mannes und von ihrer Promiskuität reinzuwaschen. Blanche wird in der ersten Szene mit einer Motte verglichen, um ihre Zerbrechlichkeit anzudeuten. Zu dieser Symbolik passt, dass sie nicht verbrannt werden will und sich nie im hellen Licht zeigt; sie hängt deshalb Papier-Lampions über die Lampen. Stellas Comic-Lektüre steht für ihre vollständige kulturelle Assimilation an das Milieu Stanleys. Das Baby selbst kann man als Symbol für die Zukunft verstehen. Es wird zu einem Zeitpunkt geboren, als das psychische Ende Blanches naht. So steht der kleine Junge für die Welt der Kowalskis, während die Vergangenheit mit Blanche verschwindet. Die beiden Hauptcharaktere, Blanche und Stanley, werden als scharf gezeichnete Vertreter des sozialgeschichtlichen Antagonismus zwischen Nord- und Südstaaten dargestellt.

Experimentierlust: **penchant for experiments**

Melodram und Tragödie

Insgesamt ist es zutreffend, *A Streetcar Named Desire* als Melodram oder als Tragödie zu bezeichnen. Blanche ist als Heldin zwar mit einigen Negativmerkmalen behaftet, aber sie ist dennoch liebenswert, denn sie hat Gründe für ihre Verhaltensweisen. Dennoch scheitert sie bei ihrem Versuch, aus ihrer Krise heraus einen Neubeginn zu wagen, an den äußeren Verhältnissen.

Die für ein Melodram zu erwartenden überraschenden und sensationellen Elemente sind in der Handlung zahlreich vorhanden, z. B. in Stanleys Aufreißen ihres Koffers, in Blanches Hysterie über Stellas Ehe und am Ende in Form der Vergewaltigung, die den Spannungshöhepunkt bildet. Auch das soziale Milieu der Handlung, das den gehobenen Maßstäben der klassischen Tragödie eher fremd ist, rechtfertigt die Bezeichnung als Melodram. Blanches Ende in seiner Unvermeidbarkeit bleibt aber letztlich tragisch.

Melodram: **melodrama**

6. Autor und Zeit

Kurzbiographie/Werktabelle

1911: Tennessee Williams wird am 26. März als erstes Kind der Tochter eines Predigers und des Angestellten einer Telefongesellschaft in Columbus/Mississippi geboren.

1918: Umzug nach St. Louis, wo sein Vater Manager einer Schuhfabrik wird. Für die Kinder ist der Umzug schwierig, denn sie verlieren den Kontakt zu den geliebten Großeltern. Die Ehe der Eltern entwickelt sich katastrophal. Der Vater wird Alkoholiker und schlägt die Kinder. Tennessees Schwester wird dadurch später psychisch krank. Er leidet sehr unter den familiären Verhältnissen.

Gewalttätiger Vater

1928: Tennessee Williams begleitet seinen Großvater auf einer Reise durch Europa, die ihm sehr gut tut. Sie bildet den wesentlichen Grund für seine späteren Europaaufenthalte.

Erste Europareise

1929: Seine Großeltern ermöglichen ihm, was sein Vater verweigert hat: die Finanzierung eines Studiums der Publizistik und Theaterwissenschaften an der Universität von Missouri in Columbia. Für erste Veröffentlichungen erhält er einen nationalen Literaturpreis der USA.

Studium

1932: Er verlässt die Universität ohne Abschluss, nachdem er während des Studiums viele Dramatiker intensiv studiert hat, vor allem Ibsen, Strindberg und Tschechow. Als Angestellter der Schuhfirma, in der auch sein Vater arbeitet, durchlebt er eine Krise und erleidet einen Nervenzusammenbruch. In den Folgejahren schreibt er einige kurze Theaterstücke, die von Amateuren aufgeführt werden.

Krise und Nervenzusammenbruch

1937: Seine Schwester Rose wird psychisch ernsthaft krank. Sie beschuldigt ihren Vater, ihr sexuelle Gewalt anzutun. Ihre Mutter veranlasst bei Rose eine Gehirnoperation, die sie für den Rest ihres Lebens psychisch lähmt. Tennessee Williams nimmt das seiner Mutter lebenslang sehr übel und hat für alle Zeiten ein schlechtes Gewissen, diesen Eingriff nicht verhindert zu haben. Viele Züge seiner Schwester finden sich in *A Streetcar Named Desire* wieder, vor allem in der psychischen Labilität Blanches; manche Kritiker verweisen auch auf Parallelen zwischen Blanches Promiskuität und derjenigen von Williams selbst: Er hatte zahllose sexuelle Beziehungen.

Tragisches Schicksal der Schwester

1939: Nach einigen Jahren rastlosen Umherziehens, das ihn auch nach New Orleans führt, gewinnt er mit drei kurzen Dramen, *American Blues*, einen weiteren Preis.

1940: Er erhält ein Stipendium der Rockefeller-Stiftung.

Nervenzusammenbruch: **nervous breakdown**
etw. übel nehmen: **to take s.th. amiss**
rastlos: **restless**
Stipendium: **scholarship**

1943: Williams schreibt ein Filmmanuskript für die Gesellschaft MGM, es wird aber nicht verfilmt. Trotzdem bildet es die Basis für seinen großen Ersterfolg, das Stück *The Glass Menagerie*.

1944/45: *The Glass Menagerie* wird mit großem Erfolg in Chicago und in New York aufgeführt und bringt ihm großes Ansehen als Dramatiker.

The Glass Menagerie

1947: *A Streetcar Named Desire* bedeutet den endgültigen Durchbruch. Das Stück macht ihn für den Rest des Lebens zum wohlhabenden Schriftsteller, nicht zuletzt durch den Verkauf der Filmrechte. In beiden Stücken wie in fast allen literarischen Produkten, die noch folgen sollen, spielen seine eigenen Erlebnisse eine wichtige Rolle. Sie kreisen um die Themenbereiche Tod, Wahnsinn, Schicksal, Sexualität, Sehnsucht und Gewalt. Im selben Jahr beginnt seine längste und intensivste Partnerschaft, die homosexuelle Beziehung zu seinem Privatsekretär Frank Merlo, die 14 Jahre dauern wird.

Durchbruch

1948: Er bekommt den Pulitzer-Preis für *A Streetcar Named Desire*.

Pulitzer-Preis

1950: Williams reist viel, vor allem durch Europa. Er veröffentlicht den Roman *The Roman Spring of Mrs. Stone*. *The Glass Menagerie* wird verfilmt.

1951: Er verfasst das Filmmanuskript *Baby Doll*. Diesmal wird der Film gedreht. *The Rose Tattoo* ist als nächstes The-

Verfilmung von A Streetcar Named Desire

aterstück ebenfalls ein Erfolg. *A Streetcar Named Desire* wird verfilmt, von Williams' Freund Elia Kazan. Vivian Leigh, Marlon Brando und Karl Malden legen den Grundstein für ihren Ruhm als Filmschauspieler.

1953: *Camino Real*, das nächste erfolgreiche Drama, wird uraufgeführt.

Cat on a Hot Tin Roof

1955: *Cat on a Hot Tin Roof*, von Erfolg gekröntes Schauspiel, wird veröffentlicht. Dafür erhält er erneut den Pulitzer-Preis. Liz Taylor und Paul Newman machen später den Film zum Welterfolg. *27 Waggons Full of Cotton*, das nächste Schauspiel, erscheint.

1956–61: Die Stücke *Orpheus Descending*, *Suddenly Last Summer*, *Sweet Bird of Youth*, *Period of Adjustment* und *The Night of the Iguana* werden allesamt Erfolge und bestätigen Williams als einen der weltweit größten Dramatiker des 20. Jahrhunderts. Er lebt in dieser kreativen Phase weiterhin mit Frank Merlo zusammen.

Tod des Partners

1961: Frank Merlo stirbt an Lungenkrebs, für Williams ein schwerer Schlag, der ihn in Depressionen und Drogenmissbrauch stürzt. Obwohl er auch schon während der Zeit mit Merlo häufige Partnerwechsel und Probleme mit seiner Psyche und Drogen hatte, steigern sich seine Störungen jetzt extrem.

den Grundstein für etw. legen: **to lay the foundations for s.th.**

Tennessee Williams (um 1960)

1962–78: Er schreibt zahlreiche weitere Theaterstücke, deren Qualität aber spürbar sinkt und die wenig Zuspruch bei Kritik und Publikum finden. Zugleich werden viele Stücke aus der Zeit davor erfolgreich und mit Topdarstellern verfilmt, unter der Leitung von international angesehenen Produzenten und Regisseuren.

1979: Williams wird in Key West von Teenagern zusammengeschlagen, die sich von einer Kampagne gegen Homosexuelle anstacheln lassen.

1983: Er stirbt am 24. Februar in einem Hotel in New York, vermutlich ist er an einer Beruhigungstablette erstickt.

Zeitgeschichtlicher Hintergrund

Amerikanischer Bürgerkrieg als Vorgeschichte

A Streetcar Named Desire spielt etwa in der Mitte des 20. Jahrhunderts, bezieht sich aber auch auf die Geschichte des Amerikanischen Bürgerkriegs im 19. Jahrhundert. Die Südstaaten waren bei ihrer Separation von der Union zunächst wirtschaftlich motiviert, sie wollten an der Plantagen- und Baumwollwirtschaft mit der Sklaverei als Kernarbeitsverhältnis festhalten, während es den Nordstaaten und ihrer Armee um die Sicherung und den Ausbau der Industrie sowie um die Durchsetzung der Verfassung mit der Gleichsetzung aller Bürger und damit auch um die Abschaffung der Sklavenhaltung ging. Daneben war das Be-

Kernarbeitsverhältnis: **core employer-employee relationship**

streben der Südstaaten nach Dezentralisierung und Mitbestimmung relevant.

Die Auseinandersetzung verlief sehr scharf. Mit Lincolns Ankündigung, die Emanzipation der Sklaven werde in jedem Fall durchgesetzt, ging es von einem bestimmten Zeitpunkt an um die Konfrontation zwischen zwei völlig unterschiedlichen Gesellschaftsordnungen, von denen nur eine überleben konnte.[3] Das war der in jeder Hinsicht – wirtschaftlich, militärisch, politisch – überlegene Norden, der allein schon waffentechnisch nicht zu besiegen war.[4] Die militärische Niederlage brachte den Untergang der Plantagenbesitzer, für die Blanches Vorfahren ein Beispiel bilden, und den Aufstieg des industriellen Nordens mit dem Zustrom von Immigranten und der Entwicklung des industriellen Kapitalismus, den Stanley repräsentiert.

Niederlage des Plantagenadels

Der Niedergang des Plantagenadels im Süden vollzog sich durchaus nicht blitzartig, sondern etwa so, wie er anhand von Belle Reve im Stück beschrieben wird, schrittweise, über mehrere Generationen, aber unaufhaltsam. Wirklich beendet ist dieser Prozess erst etwa nach dem Ende des Zweiten Weltkriegs.

Mitbestimmung: **co-determination**
etw. durchsetzen: **to push s.th. through**
waffentechnisch: **concerning weapons technology**
unaufhaltsam: **inexorable**

Literarischer Hintergrund und Einordnung in Williams' Gesamtwerk

Das Stück gehört zur Literatur des amerikanischen Südens, für die etwa auch Margaret Mitchells *Gone With The Wind* von 1936 exemplarisch ist. Viele betrachteten die kulturellen Aspekte einer Welt, in der weniger das Geld, sondern Illusionen und Träume wichtig sind, mit nostalgischem Blick. Williams selbst hat seine Sympathie in dieser Richtung geäußert: Romantik und Phantasie dieser Welt gefallen ihm, aber zwischen der Schönheit der südlichen Anwesen auf den Plantagen und den Lebensbedingungen der Sklaven existiert ein himmelschreiender Gegensatz.

Mississippi-School

Von solchen Grundlagen her hat sich in den USA eine am Süden interessierte Literatur verstanden, wie z. B. die Mississippi-School, vertreten durch Namen wie Faulkner, Caldwell, Wolfe und McCullers, während Williams auch formale Anleihen bei Tschechow und Ibsen vornahm.

himmelschreiend: **outrageous**
Anleihen: **loans**

7. Rezeption

Mit *The Glass Menagerie* und *A Streetcar Named Desire* wurde Tennessee Williams berühmt. Für letzteres erhielt er den New Yorker Kritiker- und den renommierten Pulitzerpreis. Es erreichte 855 Aufführungen im direkten Anschluss an die Premiere und der Zuspruch bei den Zuschauern wie bei der Theaterkritik war enorm. Im Verlauf der Rezeptionsgeschichte wurde das Stück vielfach neu inszeniert, von vielen Theaterregisseuren und mit den unterschiedlichsten Darstellern, hinzu kamen Aufführungen in Großbritannien, Frankreich und anderen Ländern sowie drei aufwändige Verfilmungen.

Enormer Erfolg

Kritiker haben diese Erfolgsgeschichte insgesamt positiv begleitet: Zu den großen Vorzügen gehören die realistische Darstellung des Milieus, die Beschreibung der Hauptcharaktere, die glaubwürdige Psychologie der Figuren und ihrer Beziehungen, die Verarbeitung des zeithistorischen Hintergrunds und die Kunst, die Spannung der Handlung immer wieder neu aufzubauen, ferner die Schlüssigkeit des Gesamtkonzepts, die mit Blanches Einweisung in die Psychiatrie und ihrer völligen mentalen Destruktion verbunden ist.

Leistungen des Stückes

Ein wesentliches Thema des Stückes ist Sexualität. Das zeigt sich im Handeln der drei zentralen Charaktere: Stanley, Stella und Blanche; auf Mitch trifft diese Einschätzung nur bedingt zu. Von der Kritik wurde das oft nicht ganz

Schlüssigkeit: **coherence**

richtig erfasst, sie hat sich häufig auf Probleme der Bühnenkonzeption, die soziale Wertung der Situation im Drama und die angeblich pessimistische Grundhaltung Williams' konzentriert[5] und damit die Intentionen des Autors teilweise verfehlt.

Kritik

Insbesondere der Vorwurf, Williams beziehe keine Position gegenüber den gesellschaftlichen Strukturen, ist nicht richtig. Das Stück macht sehr klar und deutlich, dass sowohl die untergehende Welt des Plantagenadels als auch die neue Welt der Massen- und Industriegesellschaft mit Unehrlichkeit, Illusionismus, Promiskuität, Gewalt und Realitätsverleugnung durchsetzt sind; aus beiden Systemen können auch begrüßenswerte Elemente aufgegriffen werden, aber sie sind nicht vorherrschend. Die thematische Einbindung von kultureller Bildung und ausgefeilter Rhetorik einerseits, von Vitalität, Mut, Realismus und Handlungswillen andererseits demonstriert, dass der Autor sehr wohl Stellung zu gesellschaftlichen Phänomenen nimmt. Er kritisiert beide Gesellschaftsordnungen scharf, aber er konturiert in beiden auch Aspekte, die ausgesprochen attraktiv und nachahmenswert erscheinen – doch seine Wertung kann sich nicht pauschal auf eines der beiden Systeme oder Handlungsmuster stützen, denn sie sind beide höchst ambivalent.

Differenzierte Gesellschaftskritik

An dieser Differenziertheit von Williams' Sichtweise kann eine Kritik nur scheitern, die sich von einer prinzipiellen Sympathie her mit der bürgerlichen Massengesellschaft nach dem Zweiten

Bühnenkonzeption: **stage directions**
Position beziehen: **to take a stand**
Differenziertheit: **sophistication**

Weltkrieg identifiziert; Williams nimmt diesen Standpunkt nicht ein. Er sympathisiert zweifellos mit manchen Zügen der Südstaatengesellschaft, zeigt aber gleichzeitig ihre Schattenseiten auf. Durch diese Haltung hat Williams es der Kritik erschwert, ihm einen eindeutigen Standpunkt nachzuweisen – ein Schwachpunkt in den Augen jener Kritiker, für die nur holzschnittartige Moral und eindeutige Bekenntnisse zählen.

8. Checklist: Revision for Term Papers & Finals

1./2. The Contents

1.1. Describe the main conflict in *A Streetcar Named Desire.*
2.1. Write a summary of the plot in about 350 words.
2.2. What is the central topic of the drama: violence, sexuality, madness, social class? Give reasons for your answer.

3. The Characters

3.1. Work out typical portraits of the two main characters of the play.
3.2. Describe the positive hero or heroine of the play.
3.3. Applying moral standards, it seems that everyone is guilty, more or less. Discuss this statement.

4. The Structure of the Play

4.1. Depict the setting of *A Streetcar Named Desire.*
4.2. The action is marked by several climaxes. Where do you find them? Give an outline and name the most important climax.

5. Interpretation

5.1. *A Streetcar Named Desire* has different central threads: contrasting characters, gender relations, the conflict between reality and illusion, life in the underclass world and the contrast between present life and the past.

Work out one of these threads and comment on the solution in the drama.

5.2. Stanley represents modernity and power. Is he a positive example of these ideals?

5.3. Blanche stands for the past of the south. To what extent are her patterns acceptable?

5.4. Why is it a logical development that Blanche is the loser?

5.5. Who is the winner in the end? Support your arguments using the text.

5.6. Do you see any class positions or characteristics in Stella's personality? What is her final decision, concerning social milieu?

5.7. Why does Mitch seem so weak, even as a central figure of the plot?

5.8. The drama is full of symbols. Describe three of them and explain their meanings.

5.9. *A Streetcar Named Desire* is a play. Try to imagine the plot as a novel and tell some of the differences. Which parts of the drama are difficult to show in a novel?

5.10. Why do you think the play is not divided into several acts, but into eleven scenes?

6. The Author in His Time

6.1. What happened in the Civil War 1861–1865?

6.2. What has the play got to do with Williams' own life?

6.3. Can you explain Williams' sympathy for Blanche?

6.4. What aspects of modern industrial society are represented in *A Streetcar Named Desire*?

7. The Reception of the Play

7.1. Can you give reasons for the great success of the drama from 1947 to 1962?
7.2. There are some threads in the play that seem independent from the historical setting of the plot. Can you depict them?
7.3. Why was the drama so often produced and filmed anew, again and again?

8. Creative Writing

8.1. Can you imagine that this very sensual relationship between Stella and Stanley is still possible nowadays?
8.2. Imagine you are Blanche, arriving in New Orleans. What would you do?
8.3. After being raped by Stanley, what could or should Blanche have done?
8.4. Blanche's only perspective seems to be the marriage with Mitch. Are there any alternatives?
8.5. What are the necessary conditions to avoid the behavioural and mental patterns of *A Streetcar Named Desire*?
8.6. After the rape, Blanche's personality is irreparably damaged. Imagine the drama playing in our times. What would happen to the central characters, after Stanley's crime?

9. Lektüretipps/Filmempfehlung

Textausgaben

Williams, Tennessee: A Streetcar Named Desire. Hrsg. von Herbert Geisen. Stuttgart: Reclam, 1988 [u. ö.]. (Universal-Bibliothek. 9240.) – *Nach dieser Ausgabe wird zitiert.*

– Endstation Sehnsucht. Drama in drei Akten. Deutsch von Berthold Viertel. Frankfurt a. M.: Fischer Taschenbuch Verlag, 2004.

Sekundärliteratur

Kennedy, Paul: Aufstieg und Fall der großen Mächte. Ökonomischer Wandel und militärischer Konflikt von 1500 bis 2000. Aus dem Englischen von Catharina Jurisch. Frankfurt a. M. 1991.

Oppel, Horst: Tennessee Williams. A Streetcar Named Desire. In: Paul Goetsch (Hrsg.): Das amerikanische Drama. Düsseldorf 1974. S. 183–207.

Sammbrook, Hana: A Streetcar Named Desire. (York Notes.) London 2003. – *Ausführliche, gut gegliederte Analyse in englischer Sprache.*

Spoto, Donald: The Kindness of Strangers: The Life of Tennessee Williams. Boston [u. a.] 1985.

Internet

http://www.bookrags.com/Tennessee_Williams

Verfilmung

A Streetcar Named Desire. USA 1951. Regie: Elia Kazan. Darsteller: Vivian Leigh, Marlon Brando, Karl Malden u. a. FSK 15 Jahre. 120 Minuten.

Anmerkungen

1 Vgl. Herbert Geisen, Nachwort, in: Tennessee Williams, *A Streetcar Named Desire*, Stuttgart 1988, S. 180 f.; Jutta Friedrich, *Individuum und Gesellschaft in den Dramen von Tennessee Williams*, in: Zeitschrift für Anglistik und Amerikanistik 13 (1965), S. 45–60; Hana Sambrook, *A Streetcar Named Desire*, (York Notes), London 2003, S. 80 ff.

2 Vgl. Hermann Pongs, *Das kleine Lexikon der Weltliteratur*, Stuttgart 1967, Sp. 1281, 1309.

3 Vgl. Jürgen Heideking, *Geschichte der USA*, Tübingen/Basel 2003, S. 171.

4 Vgl. Paul Kennedy, *Aufstieg und Fall der großen Mächte*, Frankfurt a. M. 1991, S. 282.

5 Vgl. Geisen (Anm. 1), S. 180 f.